# मोनालिसा की आँखें

[कविता संग्रह]

# मोनालिसा की आँखें

सुमन केशरी

राजकमल प्रकाशन
नयी दिल्ली पटना इलाहाबाद कोलकाता

ISBN : 978-81-267-2484-0

**मूल्य** : ₹ 250



**पहला संस्करण** : 2013

**प्रकाशक** : राजकमल प्रकाशन प्रा.लि.
1-बी, नेताजी सुभाष मार्ग, दरियागंज
नई दिल्ली-110 002

**शाखाएँ** : अशोक राजपथ, साइंस कॉलेज के सामने, पटना-800 006
पहली मंजिल, दरबारी बिल्डिंग, महात्मा गांधी मार्ग, इलाहाबाद-211 001
36 ए, शेक्सपियर सरणी, कोलकाता-700 017

वेबसाइट : www.rajkamalprakashan.com
ई-मेल : info@rajkamalprakashan.com

**आवरण** : वाज़्दा ख़ान

**मुद्रक** : बी.के. ऑफसेट
नवीन शाहदरा, दिल्ली-110 032

MONALISA KI AANKHEN
*Poems by* Suman Keshari

*मानसरोवर अनत जल...थाह–अथाह पुरू को...*

# अनुक्रम

# उसके मन में उतरना

उसके मन में उतरना
मानो कुएँ में उतरना था
सीलन भरी
अँधेरी सुरंग में

उसने बड़े निर्विकार ढंग से
अंग से वस्त्र हटा
सलाखों के दाग दिखाए
वैसे ही जैसे कोई
किसी अनजान चित्रकार के
चित्र दिखाता है
बयान करते हुए–
एक दिन दाल में नमक डालना भूल गई
उस दिन के निशान ये हैं
एक बार बिना बताए मायके चली गई
माँ की बड़ी याद आ रही थी
उस दिन के निशान ये वाले हैं

ऐसे कई निशान थे
शरीर के इस या उस हिस्से में
सब निशान दिखा
वो यूँ मुस्कुराई
जैसे उसने तमगे दिखाए हों
किसी की हार के...

स्तब्ध देख
उसने मुझे होले से छुआ...
जानती हो ?
बेबस की जीत
आँख की कोर में बने बाँध में होती है
बाँध टूटा नहीं कि बेबस हारा
आँसुओं के नमक में सिंझा कर
मैंने यह मुस्कान पकाई है!

तब मैंने जाना कि
उसके मन में
उतरना
मानो किसी गहरे कुएँ में उतरना था
जिसके तल में
मीठा जल भरा था...

# ज्योति-दामिनी को याद करते हुए

सबसे कठिन है जीना किसी की स्मृति में...

जीना जो जीना जैसा होता है पल पल
सीप के मुख-सा खुलता
मोती समेटता बूँद भर
खारे जल से विलग

कौंधती हूँ मैं तुम्हारे मन में
अन्तर्रात्मा की तरह
गूँजती हूँ चीख की तरह
जम गई ख़ौफ़ की तरह तड़कती हूँ
तुम्हारे मस्तिष्क में मैं
पर नहीं
मैं तो जीना चाहती हूँ तुम्हारी स्मृति में
चीख नहीं
मुस्कान के साथ
जो तुमने देखी थी उस पल
जब थामा था हाथ मेरा

उस पल जब मैं साबुत थी
अपनी धमनियों में रक्त लिये
खड़ी थी अपने बल

मैं जीना चाहती हूँ
अपनी बोली–बानी में
चीख में नहीं न कराहों में
न खून की चादर में लिपटी
मांस–पिंड की तरह

मैं जीना चाहती हूँ तुम्हारी स्मृति में
उस मुस्कान के साथ
जो तुमने देखी थी उस पल
जब मैंने
मौत की चादर ढकेल
देखा था तुम्हें
द्वार पार और खुद के सबसे करीब...

# सुनो भर्तृहरि

भर्तृहरि
कोई तो ऐसी जगह होगी
जहाँ दो पल चैन से घर के बुलावे
और बाहर के हिंस्र प्राणियों से
दूर
अपने एकांत में
मैं बैठ सकूँ
स्वाधीन
स्वतंत्र
स्वस्थ

सुनो भर्तृहरि
तुम्हारी कही जाने वाली गुफा के निपट एकांत में उतर
बस खड़ी हुई थी पल भर
तुम्हारा नाम
अपने मन में पुकारती हुई...
तुमसे नाता जोड़ती हुई
कि याद आ गया

कि अंततः
मैं एक औरत हूँ
औरत भर...

# औरों के लिए तप

औरों के लिए तप करने को पैदा हुई
जीव को औरत कहते हैं
कहती थी माँ
चूल्हे के सामने से
घुटनों को पकड़
उठती कराहती माँ

उसके हाथों की बनी रोटी
अक्सरहा कुछ नमकीन लगती थी...

# मोनालिसा–1

क्या था उस दृष्टि में
उस मुस्कान में
कि मन बँध कर रह गया

वह जो बूँद छिपी थी
आँख की कोर में
उसी में तिर कर
जा पहुँची थी
मन की अतल गहराइयों में
जहाँ एक आत्मा हतप्रभ थी
प्रलोभन से
पीड़ा से
ईर्ष्या से
द्वन्द्व से...

वह जो नामालूम–सी
जरा–सी तिर्यक
मुस्कान देखते हो न

मोनालिसा के चेहरे पर
वह एक कहानी है
औरत को मिथक में बदले जाने की
कहानी...

## मोनालिसा–2

लियोनार्दो
जब तुम सिरज रहे थे
मोनालिसा को
तो कैसा दर्द हुआ था
पीड़ा की कैसी लहर दौड़ी थी
शिराओं में
त्रास से कैसे शिथिल हुआ था
तन मन तुम्हारा?

पर
कूची की पहली छुअन के साथ
कैसे सिहरा था तुम्हारा तन
मन कैसे कैसे डूबा उतराया था
अनंत के जलाशय में
और कैसे छलका था अमृत कुंड
तुम्हारे अंतर्मन में
अंतर्तल में

उन्हीं बूँदों से तुमने
फिर उकेरी थी
वो पीड़ा
दर्द
और असमंजस मुस्कान...

# मोनालिसा–3

कितनी वीरान आँखें हैं तुम्हारी
मोनालिसा
जाने क्या खोजतीं
देखतीं
जीवन का कोई छोर
या
अधूरी कथा कोई
सूत जिसके उलझे पड़े हैं
यहाँ से वहाँ तक
न जाने कहाँ तक...

# मोनालिसा की आँखें

आज देख रही हूँ
मोनालिसा...
जब वहाँ थी तो जाने कहाँ थी
ठंड में
चिड़चिड़ाहट में
पाँवों की सूजन में
अगली सुबह की तैयारियों में...
न जाने कहाँ थी, जब मैं वहाँ थी

आज खड़ी हूँ सागर को पीठ दिए
गंडोला निहारती
घरों की दीवारें हाथों के दायरे में लिए
और अब
वेनिस के विशाल चर्च के प्राँगण में
खड़ी हूँ
जन-सागर में अकेली

मोनालिसा की वीरान आँखें

न जाने क्या खोजतीं
लगातार पिछुआ रही हैं
मुस्काती

आखिर उसी का अंश ही तो हूँ मैं भी

यहाँ से वहाँ तक निगाहों से पृथ्वी नापती
मुझे देखती हैं
मोनालिसा की आँखें...

## प्यास

रेत की आँख में तिरते पानी में
मछली के आँसू बह रहे हैं
प्यास से मुँह खोले सीप
ताक रही है आकाश
दूर दूर तक कहीं बादल नहीं
हवा भी गुम
सूरज धूल में कहीं औंधे मुँह पड़ा

दूर कहीं इड़ा मनु! मनु! पुकारती है...

## पेड़ से गिरी पत्ती

पेड़ से गिरी वह पत्ती
धीरे से आ बैठी

तेज चलते कदम रुक गए
एक ओस कण झिलमिलाया
बैठा था पत्ती की गोद में
उसी की भार से तो पत्ती
धरती पर यूँ उतरी थी
जैसे माँ बैठती है बच्चे को गोद में लिए...

सूरज की किरणों में
कई-कई इंद्रधनुष तिरे
शिशु-सा कलरव करता
बैठा है कण
माँ की गोद में

# माँ तुम एक छाया-सी

माँ
ऐसा क्यों होता है
मैं जब जब याद करती हूँ तुम्हें
पहुँच जाती हूँ
सन '62 की उस दोपहरी में
जिसे तुमने भारी चादर डाल
बदल दिया था झुटपुटे में

तुम सजीव छाया-सी झुकीं
सर और कानों की लौ सहलातीं
कुछ गुनगुना रही थीं
अस्फुट स्वर में

तुम्हें इन्तजार था मेरे सोने का
मुझे डर
तुम्हारे चले जाने का...

मैंने तुम्हारा आँचल थामने को बढ़ाया ही था हाथ

कि तुम मेरी प्यारी गुड़िया
उसमें थमाते बोलीं
'रोती है बेटी...देखो तो इसे...'

मुझे मेरे ही खेल की दुनिया में मगन कर
आहिस्ता से चली गईं तुम...

आज भी जब मैं ढूँढती हूँ तुम्हें
तुम एक छाया-सी दिखती हो
होने न होने के बीच कहीं...

# एक दिन माँ...

एक दिन माँ
हम बचपन की बगिया में वापस चलेंगे
जहाँ तू होगी और मैं
बस

वहीं फिर लुका-छिपी का खेल खेलेंगे माँ
हम बचपन की बगिया में
बस तू मत छिप जाना कहीं
मुझे अब भी डर लगता है माँ
तालाब वाले राक्षस से
अँधेरे से
चौकीदार से
और जाने किस किस से

पर एक दिन माँ
हम बचपन की बगिया में वापस चलेंगे

तुम वहीं रहना माँ

मैं आती हूँ किसी दिन
लुका-छिपी खेलने
खेलेंगे हम तुम हिल-मिल
बचपन की बगिया में...

# बा...

मैं देख रही हूँ
उस तारे को अस्त होते-सा
जिसे पहली बार मैंने देखा था
आकाश गर्भ में
या कि महसूसा था
अमृत झरने-सा
अपने कुंड में

सुनो जी
तुम तो भूलते जा रहे हो
कि तुम्हारा बेटा होने के अलावा
वह अपने में पूरा आदमी
एक इंसान
कई कई इच्छाएँ और आकांक्षाएँ लिये हुए
सपनों को बुनते
और उन्हें जीते हुए

सुनो जी

वह केवल तुम्हारा बेटा ही नहीं है
मेरा भी वह कुछ होगा
सुनो तो
कुछ उसकी भी सुनो तो...

न...न...मैं यह नहीं कह रही कि
जैसे सब चलते हैं
वैसे ही तुम भी चलो
पर जीवन का अपना भी कोई लय है
कोई सुर ताल...
सबके जीवन में

जरा-सा रुको
कुछ तो झुको
जीवन मुरझाया जाता है
अपने ही तारे को अस्त होते देखना
मरने जैसा है धीरे...धीरे...

सुनो जी...
कुछ मेरी भी...
सुनो...

# जाने किस आस में बूँद...

ये तो अजब वाकया हुआ
कल सवेरे टीले के बगल से गुजरते हुए
पत्ते पर पड़ी जल बूँद
अचानक पुकारते हुए साथ हो ली
जाने वह बूँद ओस थी या
पानी किसी आँख का
क्या वह बीत गई थी
या है वह अब भी
मौजूद इस देह में

जाने किस रूप में...

जाने किस आस में...

# चिड़िया का बच्चा बोला

मेरी खिड़की के बाहर
चिड़िया का बच्चा बोला
बिटिया बोली
चिड़िया का बच्चा बोला

खिड़की के बाहर
मालती लता
बड़ी सघन लता
उसी में छिपा इक नन्हा-सा घर चिड़िया का
लता की छाँव में
पत्तों की ठाँव में
दाने चुगाती और
गाने सुनाती
अपनी पंखों की फर्र-फर्र से
हवा को चलाती
इक नन्हीं चिरैया

रोज सुबह बोलकर सूरज को जगाती

साँझ को उसके लिए लोरी वह गाती
उसकी बोली की गुंजन में
धरती है
जीवन है
दिखता आकाश है

मेरे जीवन में आई इक प्यारी चिरैया

मेरी खिड़की के बाहर
चिड़िया का बच्चा बोला
चिड़िया का बच्चा बोला

बिटिया बोली
चिड़िया का बच्चा बोला

## मेरी बेटी

आँख की बूँद-सी
यह लड़की
मेरी बेटी
करुणामयी
ममतामयी
घास में बसी ओस-सी
मुझमें शामिल
या मैं उसमें शामिल
गुँधे आटे की लोई
मुलायम पर ठोस
आश्वस्ति भरा स्पर्श

# सुनो बिटिया

सुनो बिटिया
मैं उड़ती हूँ खिड़की के पार
चिड़िया बन

तुम देखना
खिलखिलाती
ताली बजाती
उस उजास को
जिसमें
चिड़िया के पर
सतरंगी हो जाएँगे
कहानियों की दुनिया की तरह

तुम सुनती रहना कहानी
देखना
चिड़िया का उड़ना आकाश में
हाथों को हवा में फैलाना

और पंजों को उचकाना
इसी तरह तुम देखा करना
इक चिड़िया का बनना

सुनो बिटिया
मैं उड़ती हूँ
खिड़की के पार
चिड़िया बन
तुम आना...

# सौंपना

मैं अपने हाथों की सारी कलाएँ
और
देह की सारी ऊष्मा
तुम्हें सौंप देना चाहती हूँ
मेरी बिटिया

तुम्हें छाती से लगाकर
अपने मन के तमाम भेद
तुम्हें बता देना चाहती हूँ
बिटिया

ताकी तुम जी सको जीवन को कुछ अपनी तरह से...

## बाट जोहता

पोर पोर कटते बिखरते बेबस
मेरे रोने की आवाज
तुम तक तब तक नहीं पहुँची
जब तक कि मेरा रोना
तुम्हारे रोने में न बदल गया

भरी दुपहरी
असमंजस आकाश
न धूप न बादल
हवा बेदम
धरती के गर्भ में
पिघलता लावा
बस फूटने को आतुर

देह भर प्यास
सूखी साँस
गले में बाँस के सूखे पत्तों की खड़खड़ाहट
तीखी चुभन

खोई सरस्वती से
बिछुड़ी मछली-सा जीवन
बाट जोहता...

## आह! क्या यह मैं ही हूँ...

आह! क्या यह मैं ही हूँ
मैं अदना औरत
तुम्हारी उकेरी इन रेखाओं में...
पत्थरों में जान डालतीं इन मूर्तियों में
कागज के पन्नों में छिपीं गाथाओं में...

कितने भाव हैं इन चित्रों में
और कितनी कोमलता तुम्हारे स्पर्श में
एक छुअन भर से
प्रस्फुटित हो जाता है तन-मन
लाज-डर के पर्दे हट जाते हैं
और मैं अनावृत्त भी तुम्हारे वलय में
सुरक्षित कालातीत तक...

आह! क्या यह मैं ही हूँ
मैं अदना औरत...

## जब से देखा है तुम्हें उकेरते चित्रों को

जब से देखा है
तुम्हें उकेरते चित्रों को
भावमग्न
एक-एक रेखाओं पर
तुम्हारे कोमल स्पर्शों की छुअन
मेरे भीतर की रूह
छटपटाती है
इन रेखाओं में समा जाने को
खिल जाने को तुम्हारे भीतर
कमलवत्

आखिर शिला देख कर ही तो रोया था कविमन
अहिल्या के लिए...

## लौटाती हूँ तुम्हें...

आज लौटाती हूँ तुम्हें
क्षिति जल पावक गगन समीर

हाँ ऐसा ही होगा एक दिन
कि मैं तुम्हें पानी की बूँदों में मिलूँगी
देखोगे तुम अपना मुख मुझमें
और गह लूँगी तुम्हारी छाया अपने तल में
अन्तर्तल में...

हाँ ऐसा ही होगा इक दिन
मैं तुम्हें मिट्टी में मिलूँगी
तुम्हारे पाँवों तले बिछी
सहलाती...गुदगुदाती...बुदबुदाती कोई मंत्र
तुम्हारे पैरों की छाप सहेजती
भीतर
अंतर्मन में...

हाँ ऐसा ही होगा एक दिन

तुम महसूसोगे मेरी गंध
सुबह की ठंडी बयार में
दुपहर की गरमाती हवा में
रात की सिरहन में
तुम्हारी साँसों में पैठती
समेट लूँगी तुम्हारी उत्कंठाओं को
अपने भीतर...

आज लौटाती हूँ तुम्हें
क्षिति जल पावक गगन समीर...

## कोई नहीं जानता...

कोई नहीं जानता
कब कौन-सा बीज
पनपेगा गर्भ में
जीवन बन कर

नौ मास तक दिन गिनती है माँ
और बाट जोहते हैं
परिजन पुरजन
अपने होने को जताता है बच्चा
पल पल

फिर ऊँआ...ऊँआ करता
नव आगत
अपने आ पहुँचने की उद् घोषणा करता है

पर क्या वह जानता है
कि प्रेम-हिंसा, सुंदर-असुंदर, राग विराग से भरे
जीवन से कब उसे वापस चले जाना है?

आज भोर
कान में फुसफसा कर
तथागत ने पूछा–
नव आगत की उद् घोषणा में
तुमने ऊँ की मूल ध्वनि
और
आह का प्रथमाक्षर सुना न माँ?

# यह जो अतीत है

यह जो अतीत है
जब तब तिर आता है पानी पर तेल–सा
दम घोंटता

आदमी भले ही बदल जाए
उसकी छवि नहीं बदलती
टँकी रहती है वह
देह पर
मन पर
आत्मा पर

उम्र के इस पड़ाव पर
ढलान से उतरते हुए
मन पार जाना चाहता है
देह से
अतीत से
तिरना चाहता है
जीवन जल में

धँसना चाहता है
बेखौफ
दम भर साँस लेना चाहता है
वहाँ भी
जहाँ
शायद असंभव है साँस भरना...

# मेरे पूर्वजों

मैं
एक बार
बस
एक बार
छूना चाहती हूँ
तुम्हारी उँगलियों को
अपनी उँगलियों से
तुम्हारे गाल होंठ और बालों को
महसूसना चाहती हूँ
देखना चाहती हूँ तुम्हारी आँखों में
जिनमें मेरा अक्स
सौ परदे पार
बीज-सा रुपा है
मेरे पूर्वजों...

मेरे पूर्वजों
मैं उस धरती पर एक कदम
रखना चाहती हूँ

जहाँ पड़े थे तुम्हारे पहले कदम
उस धार की बूँद भर जल को पीना चाहती हूँ
जहाँ बुझी थी
तुम्हारी प्यास

एक बार उस पवन को
देह में महसूसना चाहती हूँ
जिसमें सूखा था
तुम्हारा पसीना

क्या तुम वे शब्द मुझे सौंपोगे
मेरे पूर्वजों?
जिनसे मैं
पहुँच सकूँ
तुम तक
एक बार
बस
एक बार...

## पूर्वजों को याद करते हुए–1

वह स्मृति मेरी ओर लहर की तरह आई
बाँहें फैलाए

लहरों में समाती–सी नाव थी
और भयभीत सवार
सब एक दूसरे को थामें हुए
सब एक दूसरे से जुदा...

बादल फट पड़े थे
आकाश का अता–पता न था
सब कुछ जलमय था
धरती...आकाश...समुद्र...नाव...
चर...अचर...
सब जलमय

मैं जल की वह बूँद हूँ
जो आँख से बही थी
और नाव से उछल

लहरों के हिंडोले में सवार
फट पड़े बादल की बारिश
का हिस्सा बन
धरती में आ समाई थी

बरसों बाद आज जब जगी हूँ
तो स्मृति में
नाव है
सवार हैं
और उनकी भविष्य
मैं

लहरों के हिंडोले पर सवार...

# पूर्वजों को याद करते हुए–2

मेरे मन में तुम्हारा जो
रूपाकार बसा है
जरा–मरण के परे
स्मृतियाँ जब भी आती हैं
इन्हीं रूपाकारों में बँध कर आती हैं

कौन कहता है देह समाप्य है?
वह तो जरा–मरण के परे
स्मृतियों में बसती है
हाँ बस
कुछ
धुँधली...धुँधली...

## पूर्वजों को याद करते हुए–3

मृत्यु का कोई रंग नहीं होता
वह भय हो
या हो मुक्ति
एक अन्तहीन यात्रा
मोह से निर्मोह तक
बंधन से अबंधन तक

आँख की कोर में दबे उस
बूँद की तरह
जो साथ जाती है
इस संसार से उस पार तक

ऊँ शांति शांति शांति:

# मछली

वह रेत में दबी मछली थी
जो मुझे मिल गई
निर्जन बियाबान मरुस्थल में
पानी
तलाशते तलाशते...

पानी बस
उसकी आँखों में था
मुझे देख
वे डबडबाईं
और
मैंने अंजुरी भर पी लिया
उस
खारे जल को

# सपने–1

मुझे सपने देखना बेहद अच्छा लगता है
बावजूद इसके कि
अक्सरहा सपने में मैं किसी ऊँची बन रही इमारत
के उपरले मंजिल पर होती हूँ
जहाँ से दुनिया एकदम साफ़ दिखाई पड़ती है
और सामने के विस्तार में
सागर का नीलापन
और
पर्वतों की झलक
आँख मिचौली से खेलते मालूम होते हैं...

पर लौटते समय
सीढ़ियाँ एकदम गायब होती हैं
और मैं एक तिलिस्म में कैद...

## सपने-2

मेरे सपनों में हमेशा रात होती है
और होता है
सब ओर धुआँ धुआँ-सा
कुछ भी पूरी तरह साफ़ नहीं होता

सपने में मैं एकदम अकेली होती हूँ
मुझे ही फाँदने पड़ते हैं गड्ढे और खाइयाँ
कूदना पड़ता है अनंत ऊचाइयों से
कभी कभी मैं ढूहों को फिसलपट्टी बनाती हूँ
तो कभी
मगरमच्छ को नाव
पर रास्ता कभी नहीं मिलता
मैं सपनों में भटकती रहती हूँ
अतृप्त आत्मा-सी...

## सपने-3

मुझे सपने अच्छे लगते हैं
खोजती रहती हूँ
उनमें मैं अपना सत्त्व
जाने किस दिन, किस ठौर मिल जाए
वो औचक ही

डरती-घबराती, हाँफती-काँपती भी
मैं
रोज अपने सपने के तिलिस्म में
घुस जाती हूँ
उसी में खो जाने के लिए
फिर कभी न लौट पाने के लिए...

## सपने–4

सपने में मैं अक्सरहा
बच्ची होती हूँ
और दोस्तों के साथ खेल खेल में
छत पर चढ़ जाती हूँ

वह छत होती तो मेरे घर की ही छत है
पर जाने क्यों
उससे उतर कर मैं
न तो कभी दोस्तों तक वापस पहुँचती हूँ
और न कभी घर तक ही...

## सपने–5

पिता
अगर तुम अचानक ही न आ जाते होते
कभी–कभार
तो मुझे सपने कभी अच्छे न लगते

सपने में तुम मुझे कभी घर पर नहीं मिले
भीड़ भरे बाजार या कहीं किसी शामियाने के
किसी कोने में दिख जाते हो
खड़े या बैठे
तुम्हारा चेहरा अंधकार में ढँका–सा रहता है
पर मैं तुम्हें पहचान लेती हूँ

हमारी मुलाकात भी अधूरी–सी ही होती है
बात भी कुछ खास नहीं हो पाती
शब्द स्पष्ट नहीं
भाव स्पष्ट नहीं
न आकार में न निराकार में
बस आभास कि

तुम ही तो हो...

सपने से बाहर आने के बाद भी
कई कई दिनों तक मैं
सपने में ही रहती हूँ
पिता...

# धमाके के बाद–1

काँपता है शिशु
धमाके से गर्भ में
सूख गई नाभिनाल से जूझता
खोजता है द्वार निकास का

चारों ओर अंधकार
भय से काँपती जननी के जठर में
जीता है चौरासी लाख यौनियों का त्रास
कर्मफल किसका
क्यों भोगता कोई और
पूछता है शिशु
उन सबसे
जो बंद करना चाहते हैं
द्वार निकास का...

जठराग्नि से गर्भाग्नि तक झेलता
ब्रह्माण्ड में घूमता पृथ्वी–सा
घूमता है शिशु
ढूँढता द्वार निकास का...

## धमाके के बाद–2

धमाके के बाद
क्या ऐसा होगा प्रिय
मैं तुमसे प्यार करना छोड़ दूँ
इस डर से कि
कहीं तुम्हें खो न दूँ धमाके के बाद...

# धमाके के बाद-3

वे जो देखना चाहते हैं
भय से विरूप चेहरे
खंडित जीवन
धमाके के बाद
उनसे कोई कह दे कि
चिड़ियाँ चहकेंगी रोज सुबह
धमाके के बावजूद

यादों में आँसू बन कर ही सही
प्रेम तो बचा ही रहेगा
धमाकों के बावजूद!

## धमाके के बाद–4

लहू का आलता लगाए
काँपते डगमगाते कदम
दू...र चले गए हैं

कोई तो हो
जो उँगली थाम रोक दे उसे...

# बूँदें

बूँदें सब एक तरह से गिरती हैं
जमीन पर
चाहे वे जल की हों या लहू की
पर लहू जमीन पर गिरने से पहले
दौड़ता है देह में
देह जमीन पर गिरने से पहले
लहू को सहारा देती है
उसी के रंग में रंग
सुखा देती है उसे
धारियों के रूप में

पर हाँ
देह भले ही सिंचती हो लहू से
सुना नहीं कभी कोई
बीज लहू से सिंच
अँखुआया हो
फूला-फला हरियाया हो

## एकाकी मन

बीच समुद्र में
एकाकी पक्षी–सा
बेचैन
खोज रहा है एक स्थल
रख सके जिस पर पाँव
दे हंफनी को आराम
फिर उड़ान भरने को तैयार
कर सके
तन को
मन को

कोई नहीं
कोई नहीं
ठाँव दूर दूर तक
ऊपर निस्तब्ध आकाश
बेचैन मन के ताप से दग्ध सूर्य
और
सागर का हाहाकार...

# होना

आँखें भर आने भर ही
जल चाहिए
तिरने को जीवन भर

निरखने को आकाश
बस
उतना भर होता है
जो समा जाए आँखों में

जीवन भी बस फेंफड़ा भर हवा है
पाँव जहाँ थिर हो
बस उतनी भर जगह चाहिए
अनंत में उड़ने के लिए
अनंत...

## कूक! नहीं

इतनी सुबह
कोयल की यह कूक कैसी

आम के पत्तों-बौरों में छिपी
मदमाती, लुभाती
गूँजती कूक नहीं

एक विकल चीख
जोहती
पुकारती
जाने किसे?

आकाश निरभ्र
कोई स्वर नहीं
न पक्षियों की चहचहाहट
न किसी बच्चे के रोने की आवाज

उस बियाबान में

एकाकी खड़े पेड़ के पत्तों-बौरों में
छिपी एक कोयल
शायद
और उसकी चीख
कूक नहीं...कूक नहीं...

# चिड़िया-1

नन्ही चिड़िया
इस डर से कि कहीं तुम्हारे
 स्वर को मैं
अपने शब्दों में न बदल दूँ
तुमने हर बार
अपने स्वर को
थोड़ा बदल दिया
कभी वह चियंहु सुनाई पड़ा
तो कभी टियंहा

ये दोनों शब्द हमारी भाषा में
निरर्थक हैं
यह तुमने खूब पहचाना
इसीलिए तुमने
स्वर बदल बदल
गाया अपना गाना

# चिड़िया–2

चिड़िया के पास
जाने कितनी बातें थीं
रात भर की
जिन्हें सुबह होते ही उसे
कह देनी थीं

अपनी बातें कह चुकने के बाद
वह उड़ी
जा पहुँची
छत के उस कोने पर
जहाँ रोज सवेरे
दाने रख देती थी उसकी एक सहेली
बिना यह जाने कि
पिछले दिनों से एक बिलाव
बेख़ौफ़ अगोरता है ठौर

ट्रांसमीटर टावर पर बैठ
रात भर रोता है मोर...

# आज भोर

आज भोर
मोर की टेर सुन
तारे अपनी कक्षा छोड़
भागने लगे सारे
धरती से आती कातर ध्वनि के मारे

फिर वे बदल गए
सागर में तिरती कश्तियों में
लालटेन मस्तूल पर टाँगे
मथते हिलोरते सागर तल को
औंधा मुँह मक्खन के फ़ाहों से भरते हुए

अब धरती और सागर के बीच
तीतरों के पंख फैल गए हैं

तारे बेआवाज रो रहे हैं...

# शहर–1

चाँद को निहारती
कहा करती थी माँ
वे भी क्या दिन थे
जब चाँदनी के उजास में
जाने तो कितनी बार सीए थे मैंने
तुम्हारे पिताजी के कुर्ते
काढ़े थे रूमाल
अपनी सास–जिठानी की नज़रें बचा के

अपने गालों की लाली छिपाती
वे झट हाज़िर कर देती
सूई–धागा
और धागा पिरोने की
बाजी लगाती
हरदम हमारी जीत की कामना करती माँ
ऐसे पलों में खुद बच्ची बन जाती

बिटिया यह नानी की कहानी नहीं
इसी शहर की यह
तेरी माँ की जिन्दगानी है...

# शहर–2

शहरों में कभी रात नहीं होती
दिन से ज्यादा चमकती हैं
यहाँ की रातें

यहाँ रातों में
दूर दूर से पहचानी जाती हैं
न्यून लाइट दमकाती इमारतें

तारे डर से दुबके रहते हैं घरों में

क्या पिछले दिनों
हुई आपमें से किसी की मुलाकात
अपनी छत पर
सप्तऋषि से?

## जगह

पेड़ को पता था
उसके पास बस अपने छत्ते भर की जगह बची है
जिसमें वह गिरा सके
अपने बीज

चिड़ियों के पास भी उस छत्ते भर ही जगह बची थी
चूजों को उड़ना सिखाने के लिए
बीजों को उड़ा ले जाने के लिए

बच्चों के पास भी
खेलने के लिए
पेड़ के छत्ते भर ही जगह बची थी

जगह नहीं बची थी तो
भँवरों-तितलियों के लिए
बूढ़े दादा और बूढ़ी दादी के लिए
चौराहे के लावारिस पागल के लिए
और जाने कहाँ से रास्ता भूल आई
बूढ़ी गय्या के लिए।

## बचाना-1

मैं
बचा लेना चाहती हूँ
जमीन का एक टुकड़ा
जिस पर कदम रखते ही
सुनी जा सकें
स्मृतियों-विस्मृतियों से परे
आत्मा की आदिम आवाज
जहाँ शेष रह गए हों
क्षिति जल पावक गगन समीर
अपने मूल रूप में

## बचाना–2

मैं बचा लेना चाहती हूँ
जमीन का एक टुकड़ा
खालिस मिट्टी और
नीचे दबे धरोहरों के साथ

उसमें शायद बची रह जाएगी
बारिश की बूँदों की नमी
धूप की गरमाहट
कुछ चाँदनी

उसमें शायद बची रह जाएगी
चिंटियों की बांबी
चिड़िया की चोंच से गिरा कोई दाना
बाँस का एक झुड़मुट
जिससे बाँसुरी की आवाज गूँजती होगी...

## जीवन

जीवन उस चिड़िया का नाम है
जो दिखती है
आपके आँगन में
फुदकती चहचहाती
नज़दीक जाते ही
फुर्र से उड़ जाती है
किसी डाल पर
बैठ जाती है
छिप कर

# मृत्यु

मृत्यु एक स्मृति है
जो ले आएगी
उसे मेरे पास
मेरे चाहने भर से
वह है
वह है
जानती ही नहीं
मानती भी हूँ मैं
मैं बस
उतनी भर नहीं
जितना भर वो नहीं रहा

# मणिकर्णिका-1

कैसा तो नाम है
मणिकर्णिका
सुनते ही बँध गई आत्मा
उस डोर में
खींचती तन मन उस ओर
वहीं
जहाँ गहन अंधकार में
तिरती है इक छाया किरण-सी
तेज प्रवाहमान धार में
आगे-पीछे
दाएँ-बाएँ
गोया तिरती हो आकाश में

# मणिकर्णिका–2

दशाश्वमेघ घाट से
जाने
उत्तर कि दक्खिन
पूरब कि पच्छिम
जाने किस ओर
धधकता है आसमान
आठों याम

गहन अंधकार में
गंगा के तल को
आकाश से जोड़ता
यह जो धधकता सूरज है लाल लाल
कहते हैं
वही मणिकर्णिका है

## मणिकर्णिका–3

गहराती शाम में
जब आसमान पर न कोई तारा हो
न चाँद
दूर धधकती लालिमा
खींचती है
तन को
मन को
आत्मा को

कहते हैं–
मणिकर्णिका वही है
वही है मणिकर्णिका...

# मणिकर्णिका–4

यहाँ आग कैसी?
मन घबराया
तत्क्षण लपटों की कौंध में
चमका
हरिश्चन्द्र

दूर कोई स्त्री
बिलख रही थी
रोहिताश्व...रोहिताश्व

गंगा बह रही थी
अविरल...

## मणिकर्णिका–5

दो चटकती चिताओं के बीच
महाब्राह्मण
निसंग भाव से
गंगा में तिरती नावों को देखता
पीठ दिए एक चिता को
धोती सुखाता
दूसरी की आँच में
प्रेत–सा खड़ा...

# मन के घोड़े

सूरज के घोड़ों से भी तेज दौड़ते हैं मन के घोड़े
पल पलार्द्ध, पलार्द्ध–अर्द्ध या उससे भी कम समय में
चाहे जहाँ पहुँच जाते हैं मन के घोड़े
अतीत...वर्तमान...भविष्य
वह जो न
 अतीत है न वर्तमान
और क्या जाने भविष्य भी होगा या नहीं
वहाँ भी चाहो तो लपक जाते हैं मन के घोड़े
ऐसे बेलगाम होते हैं
मन के घोड़े

पर
रोशनी की कोई रेख
या ऐसी गर्माहट
जो चर अचर सबको
भर दे ऊष्ण उजास से
वही तो नहीं देते हैं मन के घोड़े

हर पल अथिर
जुगनू से कौंधते
बस उस एक पल को ही उजास
करते हैं मन के घोड़े

# तुम्हारी वो छवि

वे खामोश उदास आँखें
कंधे झुकाए
अपने से ही बार बार उलझती
तुम्हारी वो छवि

कौन नहीं जानता कि वे दिन
तमाम उम्र का
हिसाब करते दिन थे
एकाकी...
बेहद एकाकी...
जिनकी कल्पना तक किसी ने न की थी
तुमने भी नहीं

अपने मन माफ़िक
वक्त की तलाश में
गुजर जाती है उम्र
और हाथ में रह जाती हैं
स्मृतियों की चंद लकीरें

कभी न लौटने वाले दिन
और
कहीं न खत्म होने वाली व्यथा कथाएँ

# एक औरत अपने को फिर से सिरज कर

एक औरत अपने को फिर से सिरज कर
धोती है
अपने मन को
अपने ही लहू से

एक पुरुष डूब जाता है
अपने शर्म के आँसुओं से
कि मैंने अभी कुछ पल पहले
सृष्टि से कहा था
कि रचूँगा तुम्हें मैं

सौंपती हूँ तुम्हें वे तमाम पल
जो कभी मेरे थे ही नहीं
सौंपती हूँ तुम्हें अपने देह की ताप
जो कभी मेरी थी ही नहीं

इस तरह पृथ्वी ने
सूरज को सौंप दीं

अपनी सारी ताप
सारा जल
सारी हवा
और
फिर
अपने शून्य के वितान में खो गई...

## संबंध-1

उसने मझे यूँ देखा
जैसे माँ देखती है
नवजात को पहली बार
कुछ विश्वास और कुछ अविश्वास के साथ
ओह!

यह हमारे संबंध की शुरुआत थी

उस गोधूलि वेला में घर और बाहर के बीच
आँगन में
बेलपत्रों की छाया में
खड़े थे हम
एक दूसरे के पास भी
एक दूसरे से दूर भी

यह हमारी नियति थी
जिसे उसकी आँख की सिकुड़न के नीचे
मैंने हठात् सिमटते देखा था...

## संबंध–2

आज मैंने उसकी आँखों में झाँका
तो
उनमें
बिंधी मछली की पीड़ा थी
आँसू एक न था

मेरी आँखों के जल में तिरता
वो
जाने कब पहुँच गया
उस कमल नद में
जहाँ कमल तो न बचे थे
पर शायद एक नाल दबी थी
आशा की आस में

मेरी आँखों के जल में
पीड़ा को धोता
छूता...सहलाता...तलाशता

पहुँच गया वह
उस जड़ तक
जिसमें प्राण बाकी थे अब तक...

# एक औरत को क्या चाहिए

एक औरत को क्या चाहिए
पात भर भात
और अनुराग
अपने प्रिय का
फिर वह लाँघ लेगी
पूरी पृथ्वी अविराम
मथ कर रख देगी समुद्र को
सूरज से आग ले
जला लेगी चूल्हा
बादलों को पतंग बना
टाँग देगी पेड़ों पर
और चाँद उसके बच्चों का खिलौना बना
दौड़ता रहेगा रात भर

औरत को क्या चाहिए
एक सच होता सपना प्रेम का
और चुटकी भर विश्वास
नमक–सा...

# मछली करती है प्रेम

उसने कहा
मछली
करती है प्रेम पानी से

मछली नहीं जानती प्रेम
वह तो बस जीती है
पानी में
मरती है पानी में

क्या तुमने
पानी के बाहर
कभी
मछली को मछली–सा देखा है?

# सूरज की किरण पर बैठ

सूरज की किरण पर बैठ
यात्रा पर निकली मैं
पल भर में खुद सूरज हो गई

चर–अचर के कोनों कोनों में झाँकती
कहीं थमक कर जा बैठती
तो कभी पहुँचते ही निकल भागती
शाम होते होते
उस घर की मुँडेर पर जा बैठी
जिसके आँगन के पश्चिम दिशा में
दीवाल से सटा कर रखे पलने में
एक बच्चा खेल–खेल में
मुँह में पाँव का अँगूठा
देने की कोशिश में लगा था

बच्चे की उस कोशिश में बँधकर
मैं वहीं थम कर रह गई

## लड़की

डुग डुग डुग डुग
चलती रही है वह लड़की
पृथ्वी की तरह अनवरत
और नामालूम-सी

किसे पता था कि चार पहर बीत जाने के बाद
हम उसे पल-पल गहराते चँदोवे के नीचे
सुस्ताता-सा देखेंगे
और सोचेंगे
लेट कर सो गई होगी लड़की
पृथ्वी-सी

पर चार पहर और बीतने पर
उसे आकाश के समन्दर से
धरती के कोने कोने तक
किरणों का जाल फैलाते देखेंगे

कभी उसके पाँवों पर ध्यान देना

वह तब भी
डुग डुग डुग डुग
चल रही होगी
नामालूम-सी
पृथ्वी-सी

## घास

वो घास जो पैरों तले
मखमल-सी बिछ जाती है
बरछी-सी पत्तियों को
नम्रता में भिगो
लिटा देती है
धरती की चादर पर

मौका मिलने पर
तन खड़ी होती है
ऊपर और ऊपर उठने को
आकाश छूने को
व्याकुल वह
बरछी-सी तन जाती है

# औरत रचती है एक वितान–1

अँधेरे जीवन में
एक सूरज की तलाश में
विषम बाट जोहती
निकलती है औरत
अनंत यात्रा में...

दूर दूर तक आकाश में
कहीं कोई तारा नहीं
अपने आँचल को थाम
औरत उतर जाती है
मन के अथाह तल में

औरत का मन
सागर का तल
सीपी...शैवाल...मोती...मानिक
अमृत और विष से भरा
डूबती है वह
अपने मन में पल पल

और फिर शैवालों के जाल में
पैर फँसा वह
अपने हाथों को ऊँचा
और ऊँचा उठाती है

फिर सुनहली किरणों के जाल को
खींच लाती है
मन के अथाह तल में
जल में...

## औरत रचती है एक वितान-2

औरत रचती है एक वितान
आकाश जितना अनंत
उकेर देती है
उसमें रेखाएँ और चित्र
गूँथ देती है उसमें कथाएँ और चरित्र

फिर वो सूरज की रश्मियों से बनी
तूलिका से
इंद्रधनुष के रंगों को घोलती है
बादलों के कटोरों में
और रंग देती है पूरे चँदोवे को

फिर वह
सपनों के रुपहले-सुनहले
डोरों के झूले में
नीचे उतरती है
धरती को रँगने अपने रंग में...

## औरत

रेगिस्तान की तपती रेत पर
अपनी चुनरी बिछा
उस पर लोटा भर पानी
और उसी पर रोटियाँ रख कर
हथेली से आँखों को छाया देते हुए
औरत ने
ऐन सूरज की नाक के नीचे
एक घर बना लिया।

●●●